AF322041

# Notice Historique



SUR LA

# COMMUNE

## de MORTEAU

(HAUTE-MARNE)

*La plus petite Commune de France,*

PAR S. COLLET

Directeur honoraire de l'Enregistrement et des Domaines.

CHAUMONT

IMPRIMERIE TYPOGRAPHIQUE ET LITHOGRAPHIQUE CAVANIOL

—

1903

# Notice Historique

SUR LA

# COMMUNE

## de MORTEAU

(HAUTE-MARNE)

*La plus petite Commune de France,*

PAR S. COLLET

Directeur honoraire de l'Enregistrement et des Domaines.

CHAUMONT

IMPRIMERIE TYPOGRAPHIQUE ET LITHOGRAPHIQUE CAVANIOL

—

1903

# NOTICE HISTORIQUE

## I

### MORTEAU

(La plus petite commune de France).

Le village de Morteau (*Mortua aqua*) faisait anciennement partie de la prévôté d'Andelot et du bailliage de Chaumont. Il dépend actuellement du canton d'Andelot et de l'arrondissement de Chaumont.

Bâti sur la rive gauche du Rognon, à 3 kilomètres du chef-lieu de canton et à 23 kilomètres du chef-lieu d'arrondissement, il a été érigé en commune en 1790.

Bien qu'il eût été détruit deux fois pendant les guerres des quinzième et dix-septième siècles, le village de Morteau comptait encore à cette époque plus de 50 habitants. Il n'a plus aujourd'hui que quatre maisons, douze habitants et sept électeurs, [1]

---

[1] Des sept électeurs de Morteau, un n'a qu'un domicile politique dans la commune, et un autre est sous les drapeaux.

et on ne saurait lui contester l'honneur peu enviable d'être la plus petite commune, non seulement du département de la Haute-Marne, mais de la France entière.

Sa vieille église, qui date du douzième siècle, est aujourd'hui une chapelle particulière fermée depuis longtemps, et Morteau dépend de la paroisse d'Andelot. C'est aussi à Andelot que les enfants doivent aller recevoir l'instruction primaire, la commune n'ayant ni instituteur ni maison d'école.

Le territoire de Morteau comprend une contenance totale de 420 hectares 6 ares 70 centiares, dont 411 hectares 95 ares 10 centiares figurent aux matrices cadastrales des propriétés bâties et non bâties pour un revenu net de 10.918 fr. 99 : les 8 hectares 11 ares 60 centiares non imposables représentent la superficie de la rivière, des chemins et de quelques ruisseaux.

Les rôles des contributions directes se sont élevés en 1902 :

1° pour la contribution foncière des propriétés bâties, à ........................................, 29 22

2° pour la contribution foncière des propriétés non bâties, à ................ 1.466 43

3° pour la contribution personnelle et mobilière, à........................ 37 33

4° pour la contribution des portes et fenêtres, à................................ 55 12

5° pour frais d'avertissement, à...... 2 30

TOTAL............ 1.590 40

Il n'y a pas d'habitant imposable à la patente.

La part de l'Etat, dans le montant des contributions, est de......................... 760 15

Celle du Département, de........... 539 42

Celle de la Commune, de........... 288 53

Ce qui, avec les frais d'avertissement
de......................................... 2 30

représente un total égal de ........... 1.590 40

Les propriétaires imposés à la contribution foncière sont au nombre de 40, dont un seul habite le
village de Morteau, et c'est parmi les 39 propriétaires forains que les électeurs doivent, aux termes de la loi du 5 avril 1884, choisir ceux qu'ils
jugent dignes de former avec eux le Conseil municipal et de participer à l'administration des finances
communales.

Il semble, d'ailleurs, que la mission d'un conseiller municipal à Morteau n'est pas très compliquée.
La commune ne possède aucune propriété et n'a
aucun revenu. Les recettes municipales se composent exclusivement du produit de centimes ordi-
naires et extraordinaires sur les contributions directes, du montant du rôle des prestations, de la
taxe sur les chiens et d'une attribution sur l'impôt
des voitures. Elles s'élèvent, d'après le budget de
1902, à la somme totale de 338 fr. 85.

Le Conseil municipal a affecté :

1° à l'entretien des chemins vicinaux. 104 »

2° à d'autres dépenses obligatoires... 62 46

3° à l'amortissement d'un emprunt... 174 84

TOTAL....... 341 30

De sorte que le budget présente un déficit de
2 fr. 45.

Le sol du territoire de Morteau est argileux et pierreux. Les terres labourables (80 hectares environ) ne produisent que des céréales; les prés (plus de 60 hectares) donnent du foin de première qualité et sont d'excellents pâturages; les bois (270 hectares) sont aménagés en taillis sous futaie et le hêtre y domine,

Morteau, comme la plus grande partie du département de la Haute-Marne, appartient à la région climatoriale du Nord-Est. Mais, pendant l'hiver, le froid y est moins rigoureux que dans les Vosges et même que sur le plateau de Langres; pendant l'été, la chaleur y est tempérée par le voisinage des bois et de la rivière.

Le village est, du reste, situé dans un beau site, dans une riante vallée qui est limitée, à l'Est et à l'Ouest, par deux hautes collines entièrement boisées et qu'arrose, dans toute sa longueur, du Midi au Nord, entre des saules et des peupliers, le cours limpide et sinueux du Rognon.

On y respire l'air pur et sain de la forêt et de la prairie; les épidémies y sont inconnues; et, si l'on n'y atteint plus l'âge de 105 ans qu'avait le sieur Christophe Girard, habitant de Morteau mort en 1674, on y parvient ordinairement à la vieillesse. Sur 28 personnes adultes qui sont décédées depuis que le village a été érigé en commune, 5 seulement avaient moins de 50 ans; 6 étaient âgées de 50 à 60 ans, 6 de 60 à 70 ans, 8 de 70 à 80 ans, et 3 de 80 à 87 ans.

Morteau offre tous les agréments de la campagne; on peut y jouir en paix des plaisirs de la chasse et de la pêche; on peut y faire de charmantes promenades sur les bords de la rivière, dans les prés et dans les bois, et il est facile d'y acquérir deux biens rares et précieux, le repos et la tranquillité.

Le modeste village de Morteau n'a évidemment pas joué un rôle important dans l'histoire du pays; mais il a eu des propriétaires appartenant aux familles puissantes des Thomassin, des de Pallefroy, des Dehault, des Rose, des de Bermand, des de Beaujeu, etc., et il a eu plus à souffrir des maux de la guerre que beaucoup de localités plus considérables.

## II

# LES PROPRIÉTAIRES DE MORTEAU

### AVANT 1789

Le village de Morteau remonte à une époque assez ancienne. Par une charte de 1140, que le pape Eugène III confirma en 1145, Godfroy, évêque de Langres, concédait à l'abbaye de Septfontaines, pour la faire desservir par des religieux de l'ordre de Prémontré, l'église d'Andelot et de Morteau, avec ses possessions et ses appendices, « ecclesiam « de Andelo et de Mortua aqua, cum possessio- « nibus et appenditiis suis, et curam animarum in « perpetuum libere possidendam ».

En 1160, Girard de Gruge et Théodoric ou Thiéry de Morteau faisaient donation à l'abbaye de La Crète des droits et des dîmes leur appartenant sur le village de Morteau. En 1242, Thibaut, seigneur de Biesles, cédait sa part dans les mêmes dîmes à l'abbaye du Val des Ecoliers ; et, en 1258, Thiébaut de Surrec donnait à l'abbaye de La Crète le quart de toutes les dîmes de Morteau.

Quant au village et à la plus grande partie du finage, les comtes de Champagne en devinrent propriétaires au moyen d'acquisitions faites : en 1219, de Renier seigneur de Nogent, et en 1243, de Hugues II seigneur de La Fauche. La réunion du comté de Champagne à la couronne de France, en 1361, fit passer Morteau d˙ ˙ le domaine du Roi.

Mais, situé à proximité   château de Montéclair, ce village était exposé aux incursions de toutes les troupes régulières ou irrégulières qui venaient mettre le siège devant la forteresse, et Morteau fut complètement détruit pendant les guerres qui désolèrent le pays sous les règnes de Charles VI et de Charles VII.

Sur une demande en concession formée, en 1487, par Nicolas Thomassin, écuyer demeurant à Andelot, le bailliage de Chaumont ordonna une enquête. Suivant un procès-verbal du 1er juin 1489, le finage de Morteau était alors « du tout en ruines, « haies et buissons, sans édifice excepté l'église », et les commissaires enquêteurs constataient qu'il était « de nul profit pour le Roy, si non une rente « de soixante sols six deniers par an, pour le droit « de pourchot et de mouton », redevance que payaient les habitants de villages voisins qui venaient cultiver des terres sur Morteau.

Au vu de ce procès-verbal d'enquête, la Chambre des Comptes expédia, le 8 juillet de la même année 1489, au profit de Nicolas Thomassin, des lettres patentes ainsi conçues :

« Les gens des comptes et trésoriers du Roy

« notre sire à Paris à tous ceux qui ces présentes
« lettres verront salut : sçavoir faisons que... nous
« avons baillé, délivré, baillons et délivrons par
« ces présentes au S<sup>r</sup> Nicolas Thomassin le village
« et finage de Mortaut, pour l'avoir, tenir et en
« jouir par luy, ses hoirs, successeurs et ayants
« cause, ensemble de tous les droits que le Roy
« notre dit seigneur y avait auparavant cejourd'huy,
« excepté les souveraineté, justice, épaves, confis-
« cations et amendes, et le droit de pourchot et
« mouton, et y faire et construire une forge de fer
« et autres édifices que bon luy semblera, & pour
« ce et autres nécessités, prendre bois esdits bois
« d'iceluy finage, et en faire comme de leur propre
« chose, à la charge de quinze livres de rente et de
« douze sols de cens payables par chacun an au
« Roy notre dit seigneur, à la recette du bailliage
« de Chaumont aux termes accoutumés en icelle et
« en semblables cas, ledit cens portant lods et ven-
« tes, saisines et amendes, comme les autres cens
« de la dite recette. »

En baillant à cens le village et le finage de Morteau, en réservant au Roi les souveraineté, justice,
confiscations et amendes, ainsi que les droits de
pourchot et de mouton et les droits de lods et
ventes, les lettres patentes du 8 juillet 1489 ne trans-
mettaient à Nicolas Thomassin que le domaine
utile, et le Roi conservait, sans contestation possible,
la souveraineté directe. Nicolas Thomassin, simple
censitaire, s'attribua néanmoins la seigneurie de
Morteau, et ses successeurs, suivant son exemple,
se dirent « très hauts et très puissants seigneurs
de Morteau ».

Du reste, la concession faite à Nicolas Thomassin ne comprenait que ce qui appartenait au Roi dans le village et le finage de Morteau ; elle ne s'étendait évidemment pas aux terrains que les habitants de villages voisins y possédaient et pour lesquels ils payaient le droit de pourchot et de mouton.

Nicolas Thomassin s'empressa de construire une forge à fer « en un désert étant au bout du village, « sur la petite rivière du Rognon ». Il eut ensuite avec les habitants d'Andelot, relativement au droit de pêche et à la délimitation des finages, des contestations qui se terminèrent par une transaction du 4 juin 1497.

A sa mort survenue vers l'année 1520, la terre de Morteau fut partagée entre ses héritiers ; puis, par suite d'alliances et d'aliénations, elle compta parmi ses co-propriétaires, dans le cours du seizième siècle :

1° Jean Antoine Laisne, écuyer, seigneur de la Ville Neuve en Fresne ;

2° Claude de Rynel, écuyer, avocat au bailliage de Chaumont et prévôt d'Andelot ;

3° Jean de Vavincourt, écuyer, demeurant à Andernay en Barrois ;

4° Loys de Palefroy, bailli de Colombey, qui mourut en 1588 et dont on voit encore la tombe devant le portail de l'église d'Andelot.[1]

---

[1] Sur cette tombe a été gravée l'épitaphe suivante :

« Soulx ce portail gisent Loys de Palleftoit, vivant Escuyer, « sieur de Mortaulx, bailly de Colombe & Sexfontaine, et « damoiselle Philippe Antoine sa femme qui décédèrent, « sçavoir, la dite damoiselle le sixième Febvrier 1583, et le dit « sieur le troisième May audit an. Priez Dieu pour eux. »

5° Symphorien de Saint-Martin, écuyer, seigneur de Saint-Martin, qui, tant en son nom personnel qu'au nom de ses « comparsonniers », procéda à un abornement avec les religieux de La Crête ;

6° Nicolas Dehault, écuyer, sieur de Fromont, chevalier du S<sup>t</sup>-Sépulcre, et fils de Pierre Dehault, procureur du Roi à Chaumont.

Nicolas Dehault avait épousé Marguerite Rose, fille de Nicolas Rose, conseiller du Roi, prévôt de Chaumont, nièce de Guillaume Rose, le fameux évêque de Senlis.

Nicolas Dehault construisit le château de Morteau ; il y pratiqua de nombreuses meurtrières ; il y établit un machicoulis, et il en fit « une maison « forte, consistant en un pavillon basti au milieu « de la cour, avec quatre tours aux quatre coings « dudit pavillon et quatre autres tours aux quatre « coings de la dite cour ». Les armes entrelacées des familles Dehault et Rose figurent encore au-dessus d'une porte du château, et Guillaume Rose consacra lui-même, en 1599, « le jour de la con- « version de S<sup>t</sup>-Paul », la chapelle du second étage décorée de peintures à fresques que le temps n'a malheureusement pas respectées et qui représentaient l'adoration des mages, l'adoration des bergers et la présentation au temple.

On raconte que l'Évêque de Senlis, qui faisait de fréquentes apparitions à Morteau, dit souvent la messe dans la chapelle qu'il avait consacrée.

Nicolas Dehault mourut vers 1620. Devenue veuve, Marguerite Rose et Claude Rose, son frère, fondèrent le collège des Jésuites à Chaumont. Le maire posa la première pierre de la chapelle de ce collège en 1629, et la dédicace en fut faite en 1640. Les deux autels latéraux furent attribués aux fondateurs, le côté de l'épitre à Cla... Rose, et le côté de l'évangile à Marguerite Rose qui y fut enterrée en 1644.

Gaal Dehault, le fils de Nicolas Dehault et de Marguerite Rose, qui avait fait ses études de théologie à Rome, devint recteur du collège des Jésuites, et c'est sous son rectorat que l'on construisit une bibliothèque, une salle des congrégations et un salon pour jouer la tragédie. [1]

Un autre co-propriétaire de Morteau, Claude de Pallefroy, fils de Loys de Pallefroy, était mort en 1636 ; il avait été enterré dans le chœur de l'église de Morteau, au pied de l'autel ; et, sur sa tombe, on avait gravé un lion surmonté de trois étoiles, avec une inscription ainsi conçue : « Cy gist « Claude de Pallefroy, en son vivant Escuyer, « seigneur de Mortaut en partie et gendarme en la « compagnie de la Royne mère du Roy, qui décéda « le 29 Novembre 1636. Priés Dieu pour son âme. »

Cependant, les divers propriétaires qui s'étaient succédé à Morteau avaient reconstitué le village. Ils étaient parvenus à y attirer des habitants en y construisant des maisons et en y appelant, non seulement des ouvriers pour travailler à la forge, mais des laboureurs pour cultiver les terres. Ils avaient fait déraciner les buissons, les ronces et les épines ; ils avaient créé un étang au lieudit la Louvière ; ils avaient converti en prairies les terrains qui bordent la rivière ; et, grâce à des soins

---

[1] Jolibois, Histoire de la ville de Chaumont, page 20).

persévérants, le surplus du finage produisait des récoltes satisfaisantes. Aussi le village de Morteau avait-il acquis une certaine importance. Il y avait un pâtre commun, un boulanger, un hôtelier, un cabaretier. En 1647, 15 ménages, et, en 1648, 16 ménages payaient au Roi 170 livres de taille et « l'impôt du sel sur le même pied ».

Mais, après le traité de Westphalie auquel le Duc de Lorraine refusa d'accéder, le pays eut à subir les incursions de son armée qui, au mois de mai 1652, détruisit, pour la seconde fois, le village de Morteau ; il ne resta debout que le château et l'église.

C'est alors que messire Charles de Bermand, seigneur de Luzemain et de S¹-Broin les Fosses en partie, acquit, par deux contrats des 5 et 9 mai 1654, de Claude de Comiti, seigneur de La Mothe, Humbécourt et autres lieux, représentant la famille Dehault, et de François de la Cour, seigneur de Beauregard, représentant la famille de Pallefroy, tout ce qui pouvait appartenir à ces familles dans le village et sur le finage de Morteau.

Plus tard, en 1670, François Louis de Bermand, fils aîné de Charles de Bermand, devint propriétaire, à la suite de son mariage avec la demoiselle Charlotte-Louise Magnan, de terres et de prés sur Morteau que François-Louis Magnan, son beau-père, lieutenant en la prévôté d'Andelot, avait acquis d'Antoine Rose, doyen de l'église S¹-Jean-Baptiste de Chaumont et parent de la dame Nicolas Dehault.

La famille de Bermand, qui possédait ainsi la plus grande partie de la terre de Morteau, en conserva la propriété pendant près d'un siècle ; et, durant le cours de cette longue période, elle ne cessa pas d'y résider (onze de ses membres furent enterrés dans l'église du village). Mais elle ne répara qu'en partie les désastres de la guerre ; elle se borna à reconstruire plusieurs maisons et les bâtiments indispensables pour l'exploitation des terres et des prés ; elle ne rétablit ni la forge à fer, ni les logements précédemment occupés par les ouvriers de l'usine, et Morteau perdit ainsi une portion notable de sa population.

Les successeurs de Nicolas Thomassin avaient constamment absorbé tous les produits des bois de Morteau dont ils consacraient la plus grande partie à l'alimentation de leur forge. Après la destruction de cette usine, le Procureur du Roi en la réformation des eaux et forêts demanda que le droit à eux conféré par les lettres patentes du 8 juillet 1489 fût réduit à leurs autres nécessités, conformément à la teneur même des lettres patentes. La veuve et les enfants de Charles de Bermand objectèrent que la Cour des Comptes avait concédé à Nicolas Thomassin tout le finage de Morteau, sans aucune exception, et que, par conséquent, elle lui avait concédé les bois qui faisaient partie du finage. L'acte de concession n'accordant, « esdits bois « d'icelui finage », que le bois nécessaire pour la forge et les autres besoins du concessionnaire ou de ses successeurs, la prétention de la veuve et des enfants de Charles de Bermand ne pouvait prévaloir. Une sentence de la maîtrise des eaux et forêts de Chaumont, en date du 10 janvier 1671, confirmée par un arrêt du Conseil du 13 août 1678, les déclara simples usagers et réduisit leur droit d'usage à la délivrance annuelle, par le gruyer d'Andelot, de deux arpents de bois taillis pour leur chauffage, « sauf à leur être pourvu de plus « grande quantité en cas de construction de forge « et fourneaux ».

C'est en vain que les propriétaires de Morteau tentèrent d'obtenir ensuite une décision favorable à leur prétention et de se faire réintégrer dans la jouissance de tous les bois du finage. Des arrêts du Conseil, en date des 27 juin 1723 et 17 septembre 1748, confirmèrent celui du 13 août 1678, et ordonnèrent qu'il serait exécuté selon sa forme et teneur.

Ce ne fut pas la seule instance qu'eut à soutenir la famille de Bermand. Suivant un contrat notarié du 29 décembre 1676, la veuve et les enfants de Charles de Bermand avaient cédé au sieur Chapotel, receveur du revenu temporel de l'abbaye de La Crète, le droit d'utiliser « le cours d'eau de la « rivière du finage de Morteau » pour l'alimentation d'un haut fourneau qu'il construisait à ses frais, à l'extrémité de ce finage et à proximité de La Crète, sur un terrain qu'il possédait en roture et qui ne faisait pas partie de l'accensement de 1489.

L'exécution du contrat donna lieu à un procès au bailliage de Chaumont, et ce procès fut terminé par une transaction du 5 mai 1693, aux termes de laquelle la dame de Bermand et ses enfants confirmaient la cession du 29 décembre 1676, et le sieur Chapotel s'engageait, de son côté, à payer aux propriétaires de Morteau une redevance annuelle de 40 sols « par chacun journal de terre leur appar-

« tenant aux environs du fourneau ». Mais la transaction n'indiquait pas quelles étaient les terres qui devaient être considérées comme étant aux environs du fourneau et donner lieu à la redevance de 40 sols par journal. De là un second procès au bailliage de Chaumont : une seconde transaction du 24 août 1759 y mit fin, en fixant à la somme annuelle de 40 livres la redevance à payer par les représentants du sieur Chapotel.

Au dix-huitième siècle, une descendante de Charles de Bermand épousa Antoine de la Caussade de Sᵗ-Amand, écuyer, seigneur de Brainville ; une autre devint la femme de François André Joseph de Maillard, chevalier, seigneur de La Chaussée, Villiers-le-Sec et autres lieux ; et, une troisième étant elle-même mariée à Charles Raymond, comte de Beaujeu, ancien capitaine au régiment de la Marck, infanterie allemande, madame de Maillard et mademoiselle de la Caussade de Sᵗ-Amand, seule héritière de sa mère, firent, en 1753 et 1754, l'abandon au comte et à la comtesse de Beaujeu de tous leurs droits sur la terre de Morteau.

Le comte de Beaujeu mourut peu de temps après, laissant pour seul héritier un enfant mineur, Charles de Beaujeu, qui décéda lui-même en 1760, et la succession de celui-ci fut recueillie par ses oncles, Alexandre-Nicolas-Joseph et Louis-Nicolas François, tous deux comtes de Beaujeu.

La comtesse douairière Charles de Beaujeu avait acquis, en 1759, tout ce qui appartenait sur le finage de Morteau à Marie de Bermand, une de ses parentes. Suivant un contrat notarié du 27 février 1773, la comtesse de Beaujeu, Louis-Nicolas·

François de Beaujeu, son beau-frère, et Gabrielle-Françoise de Bermand, sa sœur, firent donation, « à très haut et très puissant seigneur Alexandre-« Nicolas-Joseph comte de Beaujeu, maréchal des « camps et armées du Roi, chambellan de l'Em-« pereur Charles VII, chef des nom et armes de « Beaujeu », de tout ce qui pouvait leur appartenir dans la terre et seigneurie de Morteau, tant en terres labourables, prés, chenevières, bois, rivière, maisons et jardins, qu'en cens, redevances et droits seigneuriaux, à la charge de substitution en faveur de Madame Charlotte Louise, comtesse de Beaujeu, chanoinesse du chapitre royal, noble et séculier de Saint-Louis de Metz, fille issue du mariage du donataire avec Marie-Jeanne de Francken décédée.

Le maréchal comte de Beaujeu quitta alors Paris où il résidait pour venir habiter Morteau.

Le huitième environ du domaine était resté pendant plus de 150 ans entre les mains des descendants du premier censitaire. Ce n'était qu'en 1676 qu'il avait été vendu par Nicolas Thomassin, bailli et garde des sceaux de la principauté de Joinville, et par Louise Thomassin sa sœur, à Nicolas Chapotel, receveur du revenu temporel de l'abbaye de La Crète ; après plusieurs mutations, il était devenu, en 1744, la propriété d'un sieur Nicolas Desprez ; et, aux termes d'un acte sous seing privé du 13 août 1773, ses héritiers le cédèrent au maréchal comte de Beaujeu qui devint ainsi propriétaire de toute la concession faite à Nicolas Thomassin par les lettres patentes du 8 juillet 1489.

Le Maréchal emprunta alors 30.000 livres « pour « les employer aux réparations, améliorations,

« augmentations et ameublement du château inha-
« bitable et inhabité depuis longtemps », et il
entreprit immédiatement de grands travaux de res-
tauration. Il agrandit le château en y annexant
une construction au nord et une construction au
midi, il lui donna la distribution qu'il a conservée
jusqu'à présent, construisit le grand escalier qui
conduit au premier étage, refit les plafonds, les
parquets, les fenêtres, les persiennes et les volets,
ainsi que les boiseries et les lambris, et eut soin
de placer dans chacune des cheminées une plaque
en fonte, portant ses armes et sa devise « à tout
« venant beau jeu ».

Il ne se bornait pas, d'ailleurs, à se créer une
habitation commode et confortable et à profiter des
agréments de la campagne. Ainsi qu'il aimait à le
rappeler lui-même, il avait servi pendant 59 ans
dans les armées du Roi et il avait reçu un grand
nombre de blessures honorables qui prouvaient que
son courage et sa conduite n'avaient point démenti
sa naissance (mémoire adressé à Sa Majesté en 1773);
il était âgé et fatigué; il songeait et se préparait à la
mort; il avait fait choix du lieu de sa sépulture dans
l'église de Morteau, au pied de l'autel, auprès de la
tombe de Claude de Pallefroy; il le visitait chaque
jour; et, dès le 10 août 1774, il déposait en l'étude
d'un notaire d'Andelot un pli cacheté contenant une
épitaphe ainsi conçue :

    « D. O. M.

  « Ici choisit sa sépulture

 « Très haut et très puissant seigneur, Monseigneur
« Alexandre-Nicolas-Joseph, comte de Beaujeu, sei-
« gneur de Jauges, la Thuillerie, Coursan, Chéü,

« Villers-Vineux, Percey, Buttaux, Villers-le-Sec,
« Donjeu, Maupas, Saint-Hubert, Morteau, etc.,
« etc., etc., Maréchal des Camps et armées du Roi,
« Chambellan de S. M. I. l'Empereur Charles VII,
« ci-devant Inspecteur général, et commandant
« toutes les milices gardes-côtes, tant infanterie que
« dragons, des provinces de Normandie, Poitou,
« Aunis, Saintonge et Isles adjacentes, Guyenne,
« Roussillon, Languedoc et Provence, ayant la
« direction générale de toutes les batteries servant
« à la défense des côtes maritimes desdites provin-
« ces, et chargé de l'établissement des signaux de
« correspondance sur les côtes de l'Océan et de la
« Méditerrannée.

« En lui et très haut et très puissant seigneur,
« Monseigneur Nicolas-François, comte de Beaujeu,
« son frère, aussi chambellan de S. M. I. l'Empereur
« Charles VII, et capitaine au régiment de ses
« gardes, lequel n'a point eu de postérité de feue
« très haute et très puissante dame, Madame N....
« comtesse de Beaujeu, née princesse de Kinsky,
« son épouse, finit l'ancienne et illustre Maison de
« Beaujeu, qui, depuis le dixième siècle, auquel
« remontent ses filiations par titres originaux dépo-
« sés dans les archives du château de Morteau,[1] s'est
« alliée successivement avec la Maison royale de
« France, les anciens Empereurs de la Maison de
« Souabe, la Maison de Savoie, les anciens Ducs et
« Comtes de Bourgogne, les anciens Comtes de
« Flandre, les anciens Comtes de Dijon, de Fonvent,

---

[1] Les titres ne sont plus au château de Morteau ; ils ont sans doute été emportés par la comtesse de Beaujeu.

« de Faucogney, et à presque toutes les plus illus-
« tres Maisons des deux Bourgognes et de Champa-
« gne, telles que celles de Durne, de Traves, de
« Scey, Choiseul, Clermont d'Amboise, etc.

« De son mariage avec feue très haute et très
« puissante dame, Madame Marie-Jeanne, comtesse
« de Beaujeu, son épouse, née baronne de Francken
« et du Saint-Empire, il ne lui est resté d'enfants
« que très haute et très puissante dame, Madame
« Charlotte-Louise, comtesse de Beaujeu, sa fille,
« aujourd'hui chanoinesse au chapitre royal et sé-
« culier de Metz.

« Après avoir servi le Roi dans ses armées pen-
« dant soixante ans, et reçu, en différentes actions
« de guerre, plusieurs blessures considérables, il a
« quitté la Cour pour se retirer dans ce désert, s'y
« occuper de la salutaire pensée de la mort, prati-
« quer, avec l'assistance de Dieu, les vertus et les
« bonnes œuvres dont il sera capable, se convaincre
« du néant de toute grandeur et gloire parmi les
« hommes, et visiter tous les jours ce monument,
« sous lequel il ne sera bientôt plus qu'un peu de
« poussière.

« Plein de joie et d'espérance en la bonté et pro-
« vidence divine, il consacre les jours dont elle le
« laissera jouir à l'adorer et à la remercier de toutes
« les grâces qu'il en a reçues, au nombre desquelles
« il compte une santé robuste et l'amour de son
« innocente retraite. »

Mais l'homme propose et Dieu dispose. Le maréchal, comte de Beaujeu, ne devait pas être inhumé
à Morteau et le tombeau qu'il se destinait devait être
occupé par un de ses successeurs.

Dès son arrivée à Morteau, il avait adressé au Roi, en son conseil, un mémoire pour réclamer, non seulement la jouissance, mais la pleine propriété des bois sur lesquels, d'après les arrêts des 13 août 1678, 27 juin 1723 et 17 septembre 1748, les successeurs de Nicolas Thomassin ne pouvaient exercer qu'un droit d'usage limité à la délivrance annuelle de deux arpents de bois taillis. Il fut débouté purement et simplement de sa demande, et il dut se contenter de deux arpents de bois taillis par an pour son chauffage.

Il eut ensuite un procès avec les habitants d'Andelot. La transaction intervenue, le 4 juin 1497, entre ces habitants et Nicolas Thomassin, n'avait délimité qu'en partie les finages d'Andelot et de Morteau, et elle avait stipulé qu'un canton « en friches, bois et « fraitis », situé à l'est des villages, « serait et de- « meurerait finage dudit Andelot et Mortaut, sans « séparation ou borne », pour les habitants d'Andelot et Nicolas Thomassin y avoir « pareil et semblable « usage ».

Le maréchal comte de Beaujeu prétendit que ce canton « en friches, bois et fraitis », demeuré finage d'Andelot et de Morteau, était devenu la forêt des Menus-Bois et de la Côte au Diable, d'une contenance totale de 875 arpents, et il en revendiqua la moitié, en qualité de seigneur et de propriétaire de tout le finage de Morteau.

A la date du 4 juillet 1776, la maîtrise des Eaux et Forêts de Chaumont ordonna, sur la demande de M. de Beaujeu, que la forêt des Menus-Bois et de la Côte au Diable serait vue et visitée par des experts qui procéderaient à la reconnaissance des anciennes

limites du finage de Morteau, ainsi que des différentes contrées et cantons dudit finage.

Les habitants d'Andelot interjetèrent appel de cette
décision. Ils rappelèrent que les lettres patentes du
8 juillet 1489 ne conféraient au Maréchal comte de
Beaujeu ni le titre de seigneur de Morteau, ni la propriété de tout le finage, qu'il était un simple censitaire, et qu'il n'avait droit dans les bois qu'à un
affouage annuel de deux arpents de taillis pour son
chauffage. Ils en conclurent qu'il était inutile de faire
procéder, par des experts, à la reconnaissance des
anciennes limites du finage de Morteau, l'examen
des titres suffisant pour démontrer que la prétention
de leur adversaire n'était nullement fondée.

Ces conclusions furent admises par un arrêt de la
Table de marbre du 24 octobre 1776 qui préjugeait
le fond.

Le comte de Beaujeu, qui avait eu deux attaques
d'apoplexie au mois de mars précédent, était alors
malade à Paris. Il fut très affecté de la décision de
la Table de marbre ; « son chagrin se mêlant avec les
« autres causes de sa maladie », il succomba le
30 novembre, et il y avait plus d'un mois qu'il était
enterré à Paris, lorsque le notaire d'Andelot procéda,
le 2 janvier 1777, à l'ouverture du pli cacheté contenant son épitaphe.

Il laissait une succession grevée d'un passif con-
sidérable. La chanoinesse de Beaujeu, sa fille, re-
cueillit, en vertu de la substitution faite à son profit,
tous les biens compris dans la donation du 27 février 1773 ; elle se désista de la demande en reven-
dication de bois formée contre les habitants d'Andelot
et elle racheta, le 5 septembre 1778, des créanciers

de son père, les immeubles que celui-ci avait acquis des héritiers Desprez.

La chanoinesse de Beaujeu ne vint pas habiter Morteau ; elle en loua le château d'abord à une dame Dechapt, puis à une dame de Vomar, et elle résida tant à Metz qu'à Paris.

En considération des services du Maréchal, le Roi lui accorda une pension de 3.000 livres, et elle était encore propriétaire de la terre de Morteau lors de la Révolution de 1789.

## III

# MORTEAU AU POINT DE VUE RELIGIEUX

## AVANT 1789.

—×—

Les habitants de Morteau ont toujours appartenu à la religion catholique.

On a vu au paragraphe 1ᵉʳ que, par une charte de 1140, l'évêque de Langres avait concédé à l'abbaye de Septfontaines, pour la faire desservir par des religieux de l'ordre de Prémontré, l'église d'Andelot et de Morteau, avec ses possessions et ses appendices.

Le village de Morteau était ainsi une annexe de la paroisse d'Andelot. Il y avait et il y a encore, sur une légère élévation, dans un bosquet situé à 150 mètres environ du château, une petite église très simple, très ancienne, qui n'a rien de remarquable, que les guerres des XVᵉ et XVIIᵉ siècles ont respectée, et dont la modeste cloche porte l'inscription suivante :

« Charles de Bermand, Escuer, sieur de Luzemain
« et de Morlaux, m'a fait faire l'an 1657. »

L'église de Morteau est dédiée à Saint-Sulpice, et
elle a aussi pour patron Saint-Antoine. Au pied de
l'élévation sur laquelle elle est construite, se trouve
une fontaine qui est connue sous le nom de fontaine
Saint-Sulpice, et qui a été longtemps considérée
comme une fontaine miraculeuse, dont l'eau avait
la vertu de guérir les enfants malades.

On y venait en pèlerinage des paroisses voisines;
et, pour favoriser l'affluence des pèlerins, les religieux de Septfontaines, collateurs de l'église d'Andelot et de Morteau, y établirent un ermite qui
recueillait les offrandes des fidèles. Un de ces er-
mites, François Mirande, tomba à l'eau le 1er janvier 1675, se noya et fut inhumé dans son ermitage.

Indépendamment des messes de mariage et d'en-
terrement, les curés d'Andelot ne célébraient chaque
année, dans l'église de Morteau, que deux messes:
l'une, le jour de Saint-Antoine, patron de l'église,
et l'autre, le jour de l'Ascension, où l'on avait cou-
tume d'honorer Saint-Sulpice et où les pèlerins venaient en foule.

Les curés ne touchaient, d'ailleurs, aucune rétri-
bution pour desservir l'annexe de Morteau, tandis
que les abbayes de La Crète et du Val-des-Ecoliers
percevaient l'intégralité des dîmes qui s'élevaient à
plus de 200 livres par an.

François Vincent, nommé curé d'Andelot en 1750,
réclama en vain des religieux de La Crète, soit une
portion des dîmes, soit une rémunération quelconque
pour desservir les habitants de Morteau; les religieux ne voulurent lui rien donner. « Pour ne point

« se brouiller avec eux, ajoute une notice manus-
« crite de la cure d'Andelot, le dit curé desservit
« plusieurs années la dite annexe; mais ayant été
« obligé d'y porter un jour les Sacrements pendant
« un débordement d'eau, il manqua d'y périr. Pour
« lors, il se détermina absolument à abandonner la
« dite annexe, ce qu'il fit signifier aux dits religieux,
« après en avoir averti Mgr l'évêque de Langres et
« marqué ses raisons qui les approuva. »

Les habitants de Morteau devinrent alors parois-
siens de La Crète ; un religieux de l'Abbaye fut
chargé de la desserte abandonnée, et l'évêque, qui
désirait mettre fin au pèlerinage de Saint-Sulpice,
lui défendit d'ouvrir l'église le jour de l'Ascension ;
le nouveau desservant n'eut plus à y célébrer que
la messe de Saint-Antoine.

L'innovation ne paraît pas avoir eu l'heur de
plaire aux habitants. Réunis au nombre de 17, en
assemblée générale, devant la porte de l'église, le
26 septembre 1773, ils prétendirent que leur église,
dont l'érection remontait à un temps immémorial,
avait été jadis une église paroissiale, et qu'elle
n'avait cessé de l'être que depuis la destruction de
leur village, en 1652, par l'armée du duc de Lorraine,
les curés d'Andelot ayant profité de ce désastre
pour s'emparer des fonds appartenant à la cure et
à la fabrique de Morteau. Ils invoquèrent à l'appui
de leur prétention l'existence d'un ancien cimetière
à proximité de l'église, et l'existence dans l'église
même de la tombe de Claude de Pallefroy, d'une
pierre ayant servi de bassin aux fonts baptismaux,
d'un tabernacle, d'une bannière, d'une croix, d'une
cloche, et ils décidèrent de se pourvoir à l'effet

d'obtenir la nomination d'un curé à leur église, et de faire rentrer les fonds et les revenus tant de la cure que de la fabrique.

Mais, si l'on avait enterré à proximité et dans l'intérieur de l'église, si l'on y avait baptisé, s'il y existait un tabernacle, une bannière, une croix et une cloche, il était difficile d'en conclure que l'église de Morteau avait été, avant 1652, une église paroissiale. Il n'appartient, en effet, qu'à l'autorité épiscopale de créer une paroisse ; et, non seulement l'évêché de Langres n'avait pas érigé en paroisse l'église de Morteau, mais, en concédant, en 1140, à l'abbaye de Septfontaines l'église d'Andelot et de Morteau (ecclesiam de Andelo et de Mortua aqua), l'évêque Godefroy avait nettement indiqué que cette église formait une seule et unique paroisse.

Du reste, les curés d'Andelot ne s'étaient pas emparés de fonds appartenant à la cure ou à la fabrique de Morteau, cure et fabrique qui n'avaient jamais existé ; les quelques parcelles de terre et de pré qu'ils possédaient sur le finage de Morteau leur provenaient de fondations à eux faites, au XVIe siècle, pour la célébration de messes et autres services religieux dans l'église paroissiale d'Andelot.

Aussi la demande des habitants de Morteau ne fut-elle pas accueillie, et leur village continua à être desservi par un religieux de La Crète jusqu'en 1790, époque à laquelle il fut remis sous la dépendance de l'église d'Andelot.

## IV

## MORTEAU DEPUIS 1789

—✳—

La comtesse de Beaujeu vit supprimer, par la loi du 17 juillet 1793, la rente de quinze livres et le cens de douze sols qu'elle était tenue de payer, chaque année, aux termes des lettres patentes du 8 juillet 1489, et elle resta propriétaire de la terre de Morteau jusqu'au 15 nivôse an IX (5 janvier 1801), date à laquelle elle la vendit à M. Jacques François de Paule Paillette, homme de loi demeurant à Suzémont.

Au décès de celui-ci survenu en 1816, la terre de Morteau fut attribuée à M. Henry Paillette, un de ses enfants, qui en habitait le château depuis plusieurs années.

La comtesse de Beaujeu et M. Jacques François de Paule Paillette avaient négligé de se faire délivrer, dans les bois de Morteau, les deux arpents de bois taillis que les arrêts du Conseil des 13 août 1678, 27 juin 1723 et 17 septembre 1748 les autorisaient à y prendre chaque année. M. Henry Paillette se fit rétablir, en 1818, dans ce droit d'usage, et il le céda ensuite à M. Marguin qui reçut, comme équivalent, aux termes d'un cantonnement approuvé par une ordonnance royale du 17 janvier 1830, la pleine propriété de 21 hectares 44 ares dépendant de la forêt domaniale de l'Essart (le bois attribué à M. Marguin et le surplus de la forêt de l'Essart appartiennent aujourd'hui à M. le comte de Beurges).

M. Henry Paillette mourut en 1825 ; et, suivant le désir qu'il en avait exprimé, il fut inhumé en l'église de Morteau, au pied de l'autel, auprès de Claude de Pallefroy, dans la tombe que le Maréchal comte de Beaujeu avait fait préparer pour lui-même.

Il avait institué pour légataire universelle une demoiselle Renard qui épousa M. Gobin en 1826.

M<sup>me</sup> Gobin étant décédée en 1841, ses enfants vendirent, dans le courant de l'année 1842, une maison à un habitant de Morteau, et les pièces de terre et de pré les plus éloignées du village à des habitants des communes voisines. Ils cédèrent ensuite à M. Barrois le surplus du domaine de Morteau composé « du château et des maisons de fermiers, avec « les cours, jardins et bâtiments qui en dépendent, « des terres, prés, friches, bois, cours d'eau et pas- « sages, et d'une chapelle dite chapelle St-Sulpice, « le tout d'une superficie de 90 hectares environ ».

Depuis la mort de M. Barrois, survenue en 1854, ce domaine est resté entre les mains de ses héritiers. Cependant, le haut-fourneau que le sieur Chapotel avait construit, en 1676, à l'extrémité du finage de

Morteau, avait cessé d'exister ; le pèlerinage de Saint-Sulpice, qui était l'occasion de scènes peu édifiantes et qui donnait lieu à plus d'un abus, avait été supprimé en 1849, ainsi que l'évêque de Langres l'avait demandé dès le XVIII° siècle, et l'on ne disait plus la messe dans l'église de Morteau devenue chapelle particulière.

La suppression du haut-fourneau et l'amoindrissement du domaine, à la suite des aliénations consenties par les enfants Gobin au profit de propriétaires forains, eurent pour conséquence une diminution sensible de la population, et Morteau ne tarda pas à devenir le petit coin calme et tranquille qu'il est aujourd'hui.

Mais, malgré le peu de ressources qu'elle pouvait offrir, l'humble commune de Morteau ne fut pas épargnée par l'invasion de 1870. Si le village ne fut pas détruit comme il l'avait été au XV° et au XVII° siècles, il eut à loger et à nourrir, pendant plusieurs jours, plus de 400 Allemands, et il fut accablé de réquisitions en nature et en argent.

En 1843, le Conseil général de la Haute-Marne avait proposé de réunir à la commune d'Andelot les 420 hectares qui constituent le territoire de Morteau. Les deux communes intéressées s'y opposèrent énergiquement ; Andelot, qui est riche, ne voulut pas s'adjoindre un modeste village qui ne devait lui apporter que des charges ; Morteau tint à conserver son indépendance, et le projet dut être abandonné.

Les habitants de Morteau paient, d'ailleurs, assez cher leur indépendance. Ils se sont imposés extraordinairement, à partir de 1872, pour acquitter les dettes contractées pendant l'invasion de 1870 ; ces dettes n'étaient pas complètement éteintes lorsqu'ils ont dû emprunter, en 1898, une somme de 3.000 fr. pour la réparation d'un pont sur le chemin vicinal d'Andelot à Bourdons ; et, de longtemps, l'ère des centimes additionnels ne sera close à Morteau.

On pourrait s'étonner que la plus pauvre commune du département ait été obligée de réparer à ses frais, sans aucune subvention, le pont d'un chemin qui relie le chef-lieu de canton à l'une des communes les plus importantes de ce canton. Mais, si les sept électeurs qui composent le collège électoral de Morteau ont le privilège de nommer seuls les dix membres du Conseil municipal, leurs votes sont trop peu nombreux pour exercer une influence appréciable dans les élections du conseiller d'arrondissement, du conseiller général et surtout du député ; et, à défaut d'influence électorale, la commune de Morteau ne saurait avoir la prétention de participer à la manne des subventions gouvernementales ou départementales.

Chaumont. — Imp. et Lith. Cavaniol.

www.ingramcontent.com/pod-product-compliance
Lightning Source LLC
LaVergne TN
LVHW012107030726
842523LV00002B/769